BEARABLES

Lições de Amor e Tolerância

Jane e Mimi Noland

BEARABLES
Lições de Amor e Tolerância

Desenhos
MIMI NOLAND

Tradução
DENISE DE CARVALHO ROCHA DELELA

CULTRIX/PENSAMENTO
São Paulo

Título do original:
Bearables
Parables of Bear Wisdom for Everyday Living

Copyright © 1993 by Jane Thomas Noland e Mimi Noland.
Publicado mediante acordo com CompCare Publishers, USA.

Edição	Ano
1-2-3-4-5-6-7-8-9	94-95-96-97-98-99

Direitos de tradução para o Brasil
adquiridos com exclusividade pela
EDITORA CULTRIX LTDA.
Rua Dr. Mário Vicente, 374 – 04270-000 – São Paulo, SP – Fone: 272-1399
que se reserva a propriedade literária desta tradução.

Impresso em nossas oficinas gráficas.

Este livro é dedicado aos ursos de todos os lugares, que acham cada vez mais difícil serem apenas ursos em ambientes cada vez mais ameaçadores.

A Conexão Urso-Ser Humano

Os seres humanos têm uma afinidade de longa data com os ursos, talvez porque estes animais, assim como o homem, ficam eretos, pelo menos uma parte do tempo. Pelo fato de os ursos poderem se erguer e olhar nos nossos olhos, tendemos a humanizá-los — imaginando que eles pensam como nós e falam a nossa língua.

Um ursinho felpudo e vulnerável tem sobre nós um poder de atração quase místico, enquanto o poder imprevisível de um urso adulto nos inspira medo e respeito. Nós sonhamos com ursos, ursos bons e ursos maus. Contamos histórias de ursos (algumas tornaram-se mitos). Vemos ursos nas estrelas. Esculpimos ursos em totens. Fabricamos ursos de brinquedo.

Especialmente depois da criação do ursinho de pelúcia em 1902, inspirado no filhote de urso do presidente Theodore Roosevelt, temos suavizado as características reais dos ursos, criando réplicas gostosas de abraçar, para nossas crianças — e para nós mesmos. Essas pequenas versões de ursos, cobertas de pelúcia ou veludo, recheadas de palha, algodão ou espuma, têm uma variedade maravilhosa de formas e expressões encantadoras. Elas chegaram para representar conforto e companhia. Às vezes um urso de pelúcia é usado para amenizar a tristeza de uma criança ou suprir a falta de amor.

Quando se trata de ursos de verdade, sentimos um medo respeitoso quando eles cruzam o nosso caminho. Nós os admiramos pela sua flexibilidade e por não se incomodarem com a vida alheia.

As pequenas histórias deste livro são baseadas no comportamento real dos ursos e em encontros verídicos entre ursos e seres humanos. As ilustrações demonstram como sua sabedoria silvestre pode ser aplicada nas situações práticas da vida.

Quando essa sabedoria é convertida em lições de vida, podemos aprender muito apenas observando os ursos.

"Pergunta pois aos animais, e eles te ensinarão."

Jó 12-7

Apresentando os Goodbears (de uma Respeitosa Distância)

Serena e Dunbar são ursos bons que estão sempre tentando melhorar. São excelentes cidadãos da floresta do Norte. Vivem tranqüilamente, segundo as regras dos ursos, sem incomodar ninguém, exceto um eventual formigueiro ou uma colméia, um camundongo ou um lagostim preguiçoso. De fato, eles são tão educados e honestos, tão previsíveis como representantes da raça, que ficaram conhecidos como os Goodbears (Ursos Bons).

Serena Goodbear é uma sábia mãe de oito filhotes: um macho, Bjorn, que se encontra distante em outro território, sujeito a chuvas e tempestades, sem dúvida, tentando ser alguém na vida; duas fêmeas e um macho chamados Flora, Fauna e Fedora, respectivamente (também conhecidos como o Trio Arco-íris, pois cada um é de uma cor); e dois casais de gêmeos. Os gêmeos mais velhos, nascidos há dois anos e meio, são Kuma e Úrsula. O casal mais jovem, em seu primeiro verão de explorações e aprendizado, são Dubu e Serendipity. Dubu é "urso" na língua swahili e Serendipity (Dipity por conveniência) tomou emprestado o nome da mãe.

O pai de Dubu e Dipity, Dunbar Goodbear, geralmente está fora, à procura de comida. Ele os visita de vez em quando, cavouca o chão (como fazem os ursos) e guarda ali algum dinheiro, cumprindo seu papel de chefe de família.

Vamos deixar os Goodbears, que se movem pesadamente, cochilam e fazem travessuras ao longo destas páginas, mostrar para vocês como os exemplos da sabedoria dos ursos podem se tornar parábolas cujos ensinamentos nos orientam no dia-a-dia.

Um Alegre Despertar

No começo da primavera, Serena estica seu enorme corpo e sai de seu esconderijo junto com as samambaias (nessa época elas fazem a mesma coisa) e as flores da estação. Dubu e Dipity saem logo atrás dela da toca escura onde nasceram. Eles apertam os olhos sob os raios do sol que se inclinam sobre as árvores, deixando um rastro brilhante no chão da floresta.

Os filhotes sabem por instinto que — depois de gozar a imensidão do espaço — o negócio é se divertir. Brincar faz com que cresçam e fiquem fortes. Em pouco tempo eles estão rolando pelo chão, desfrutando o fato de serem gêmeos e os seus talentos para a ginástica. Eles erguem seus focinhos e captam os sinais e os odores de um mundo totalmente novo, úmido e maravilhoso.

Ninguém precisa ensinar Dubu e Dipity a serem alegres — ou como demonstrar essa alegria. Eles simplesmente sabem.

Celebre as manhãs.

Faça do divertimento uma prioridade.

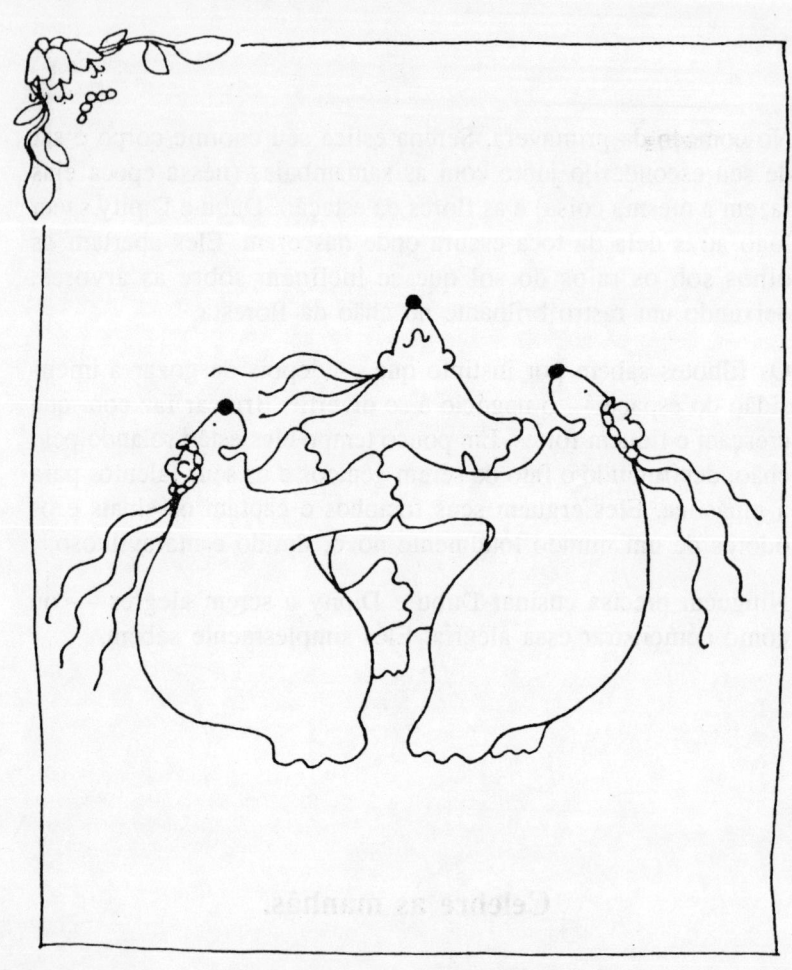

Celebre as manhãs.

Faça do divertimento uma prioridade.

Sobre a Aceitação
(Ou Coisas Ruins Acontecem com Ursos Bons)

Dubu e Dipity davam cambalhotas e brincavam de lutar ao alcance da voz de Serena, quando os arbustos de framboesa se agitaram, emoldurando um monstruoso rosto sem olhos. Algo tão disforme, assimétrico, cheio de caroços e vergões que não poderia pertencer à família Ursidae.

Os filhotes correram para Serena, que se erguera sobre as patas traseiras e fitava o monstro intruso. Eles aguardavam um tossido da mãe, que seria o sinal para que subissem numa árvore.

Em vez disso, ela disse (com uma fungada de urso), "Kuma, é você?"

Sim, era ele. O mais velho dos irmãos, Kuma, em busca de um favo de mel em plena luz do meio-dia, fora atacado por uma nuvem de abelhas irritadas. Serena, que já vira muitos ursos com ferroadas de abelha, empurrou Kuma até a beira do rio, para sua lama terapêutica.

Balançando a cabeça (como fazem os ursos), Serena ensinou um truísmo que os ursos conhecem desde que habitam a floresta.

Abelhas acontecem.

Abelhas acontecem.

Brincando de Forma Segura

Como os filhotes mais velhos de Serena, Dipity e Dubu haviam aprendido a reação imediata ao perigo iminente. Ao primeiro estalo ou sopro de perigo, Serena tosse e os filhotes trepam na árvore mais próxima antes mesmo de você poder dizer "Shazam!" Lá eles permanecem, apenas com o cintilar de seus olhinhos visível por entre as folhas ou agulhas dos pinheiros, até Serena dar o sinal de que "está tudo limpo". Eles praticaram e praticaram essa rotina com dúzias de intrusos como esses, menos ou mais sérios:

Um jipe desconhecido e o ronco de uma serra circular.

Um urso macho de mau humor.

Uma rajada de vento trazendo consigo o estrondo de árvores vindo a baixo.

Um lobo — ou melhor, um perdigueiro dourado conduzindo uma família ou um grupo de excursionistas.

Um alce.

Até mesmo um coelho mais barulhento que os outros.

Enquanto permanecem no topo da árvore (como os ursos jovens fazem), Dubu e Dipity assimilam uma importante lição:

**Se você está no alto de uma árvore,
pergunte-se por quê.**

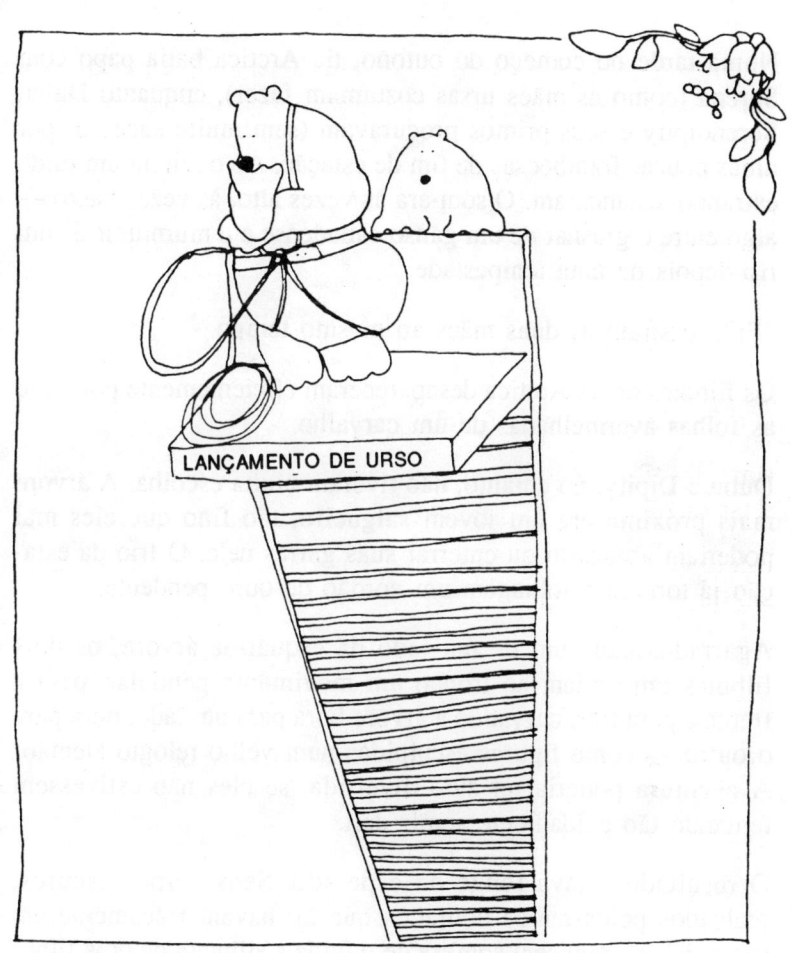

Se você está no alto de uma árvore, pergunte-se por quê.

Refúgios e Esconderijos

Numa tarde no começo do outono, tia Arctica batia papo com Serena (como as mães ursas costumam fazer), enquanto Dubu, Serendipity e seus primos procuravam (sem muito sucesso) por umas poucas framboesas de fim de estação. Ao ouvirem um ruído estranho, estancaram. O som era às vezes alto, às vezes baixo — algo entre o grasnar de um ganso canadense e o murmurar de um rio depois de uma tempestade.

"Ei", tossiram as duas mães ao mesmo tempo.

Os filhotes de tia Arctica desapareceram eficientemente por entre as folhas avermelhadas de um carvalho.

Dubu e Dipity, no entanto, não tiveram muita escolha. A árvore mais próxima era um jovem salgueiro, tão fino que eles mal poderiam abraçá-lo ou enterrar suas garras nele. O frio da estação já tornara a folhagem um cordão de ouro pendente.

Agarrados cada um de um lado da esquálida árvore, os dois filhotes imprimiam ao tronco um movimento pendular, para a frente e para trás, curvando a árvore hora para um lado, hora para o outro — como figuras esculpidas num velho relógio alemão! A aventura poderia ter sido divertida, se eles não estivessem tentando tão avidamente sumir dali.

O resultado estava longe do esperado. Seus corpos escuros, realçados pelos ramos dourados que brilhavam fracamente em torno deles, eram sem sombra de dúvida a silhueta de dois filhotes de urso.

Dois humanos que caminhavam pela trilha (pelo som que os ursos ouviram eram risadas humanas) apontaram para eles, ainda rindo.

Eles riam, isto é, até perceberem o sinal de Serena arreganhando os dentes (como os ursos costumam fazer) e fugirem como um casal de esquilos assustados. A verdade é que a fuga dos humanos foi muito mais bem-sucedida que a fuga dos filhotes.

Certifique-se de que seus esconderijos são sólidos — e fáceis de abraçar.

Se você quer permanecer no anonimato, misture-se.

Certifique-se de que seus esconderijos são sólidos — e fáceis de abraçar.

Se você quer permanecer no anonimato, misture-se.

O Pequeno Mundo de um Grande Urso

Serena cavou uma pequena depressão na base de um pinheiro-branco-do-canadá para que seus filhotes ficassem protegidos do sol quente de verão enquanto ela procurava comida (por perto). Dubu e Dipity a observavam do seu abrigo.

Eles viram sua grande mãe ursa pegar delicadamente do chão uma pena de gaivota com suas enormes patas dianteiras e virá-la de um lado para outro como se fosse uma carta de amor.

Com a mesma delicadeza e precisão, eles a viram revirar um tronco e colocar a pata sobre um formigueiro para em seguida lamber com gosto cada uma das formigas grudadas nela. Viram quando ela abocanhou um gafanhoto em pleno salto e apanhou com a boca as framboesas vermelhas de um arbusto, não deixando sobrar nenhuma.

Embora fosse alta o bastante para ver tudo ao seu redor quando estava na vertical, a atenção de Serena parecia estar mais concentrada no mundo liliputiano à sua volta — as plantas e criaturas trilhões de vezes menores do que ela. Nada, de uma larva a uma groselha, era pequeno o bastante para escapar daqueles olhos que parecem duas contas.

Qualquer urso sabe que é possível fazer uma refeição perfeitamente adequada composta apenas de petiscos (2.001 bolotas, por exemplo), especialmente se ele comer o tempo todo, não desprezando nem mesmo a mais insignificante guloseima de verão.

Não despreze as pequenas coisas.

Não despreze as pequenas coisas.

Em Apuros

Na tentativa de aprender tudo de uma vez sobre o que é ser um urso, Dubu mete os pés pelas mãos. Uma vez, na beira do rio, ao dar uma patada num peixe agonizante, o animal voltou à vida e o atingiu no nariz. Em outra ocasião, ao tentar recolher um formigueiro de uma árvore caída, ele moveu-se tão lentamente que a maioria das formigas escapou, disparando para dentro de um abrigo antiurso localizado sob o tronco.

Um dia, depois de um dos treinos de Serena para situações de perigo, ele tentou descer de um pinheiro-do-norte e ficou pendurado num de seus galhos. Lá ele ficou, balançando freneticamente as perninhas, uma de cada lado do galho. Ao ver um de seus filhotes sobre a árvore e o outro no chão (Dipity já havia descido com muito mais elegância), Serena alvoroçou-se.

Só depois das mais desesperadas manobras, Dubu conseguiu se libertar e descer — suas garras tirando lascas do tronco enquanto deslizava. Aterrissou, humildemente, aos pés de Serena.

Sem espelho retrovisor e com um pescoço curto, um urso aprende rápido a:

Voltar atrás com elegância.

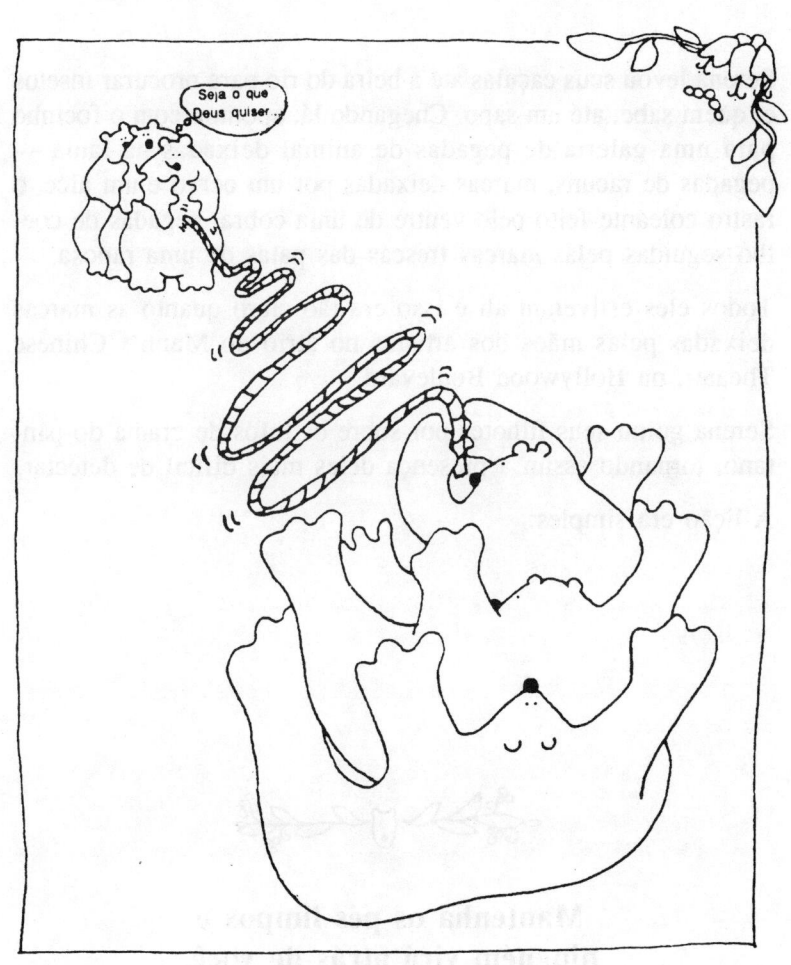

Voltar atrás com elegância.

Pegadas e Rastros

Serena levou seus caçulas até a beira do rio para procurar insetos e, quem sabe, até um sapo. Chegando lá, apontou com o focinho para uma galeria de pegadas de animal deixadas na lama — pegadas de racuns, marcas deixadas por um cervo e um alce, o rastro coleante feito pelo ventre de uma cobra, pegadas de coelho seguidas pelas marcas frescas das patas de uma raposa.

Todos eles estiveram ali e isso era tão claro quanto as marcas deixadas pelas mãos dos artistas no átrio do Mann's Chinese Theater, na Hollywood Boulevard.

Serena guiou seus filhotes por sobre os tufos de grama do pântano, tornando assim a presença deles mais difícil de detectar.

A lição era simples:

Mantenha os pés limpos e ninguém virá atrás de você.

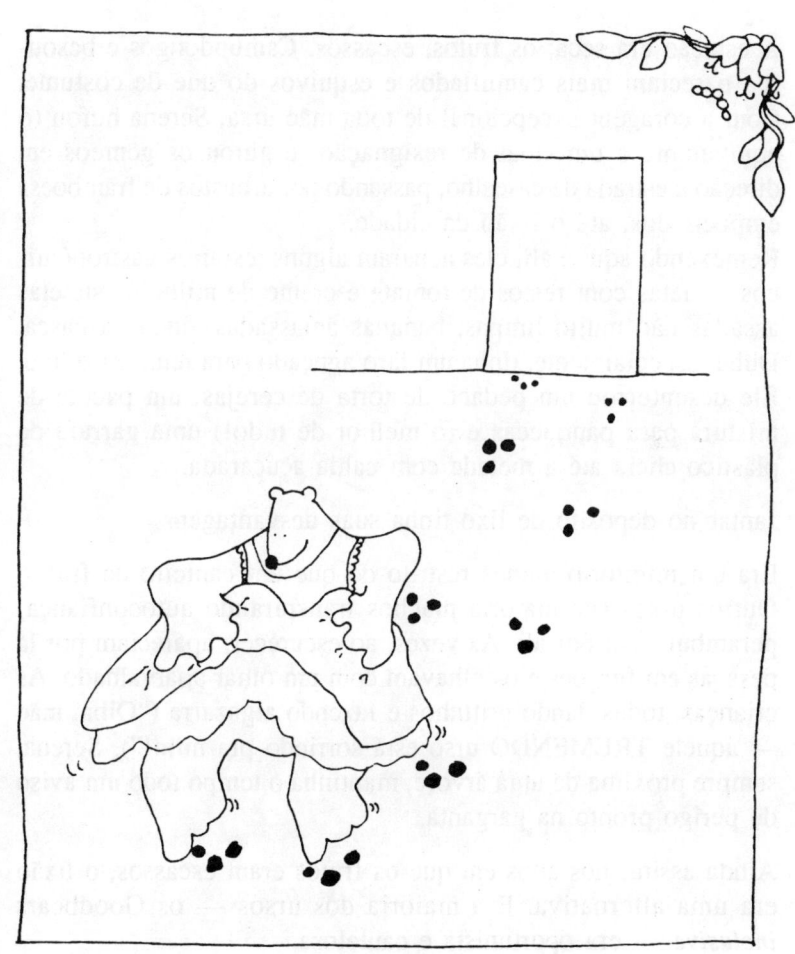

*Mantenha os pés limpos e ninguém virá atrás de você.
(Ou, ande na ponta dos pés e
eles o confundirão com uma cegonha.)*

Hora de Aprender a se Virar

A estação era seca; os frutos, escassos. Camundongos e besouros pareciam mais camuflados e esquivos do que de costume. Com a coragem excepcional de toda mãe ursa, Serena bufou (o equivalente a um sinal de resignação) e guiou os gêmeos em direção à estrada de cascalho, passando por arbustos de framboesa empoeirados, até o lixão da cidade.

Remexendo aqui e ali, eles acharam alguns tesouros gastronômicos — latas com restos de tomate e creme de milho, costeletas assadas não muito limpas, bananas amassadas ainda na casca. Dubu, especialmente, tinha um faro aguçado para remexer o lixo. Ele desenterrou um pedaço de torta de cerejas, um pacote de mistura para panquecas e (o melhor de tudo!) uma garrafa de plástico cheia até a metade com calda açucarada.

Jantar no depósito de lixo tinha suas desvantagens.

Era um refeitório menos restrito do que um canteiro de frutas. Outros ursos (na maioria machos transpirando autoconfiança) perambulavam por ali. Às vezes, ao escurecer, apareciam por lá pessoas em furgões e os olhavam com um olhar aparvalhado. As crianças, todas dando gritinhos e fazendo algazarra ("Olha, mãe — aquele TREMENDO urso está sorrindo pra mim!"). Serena, sempre próxima de uma árvore, mantinha o tempo todo um aviso de perigo pronto na garganta.

Ainda assim, nos anos em que os frutos eram escassos, o lixão era uma alternativa. E a maioria dos ursos — os Goodbears *inclusive* — era oportunista e cautelosa.

Se a natureza deixa de prover, busque alternativas.

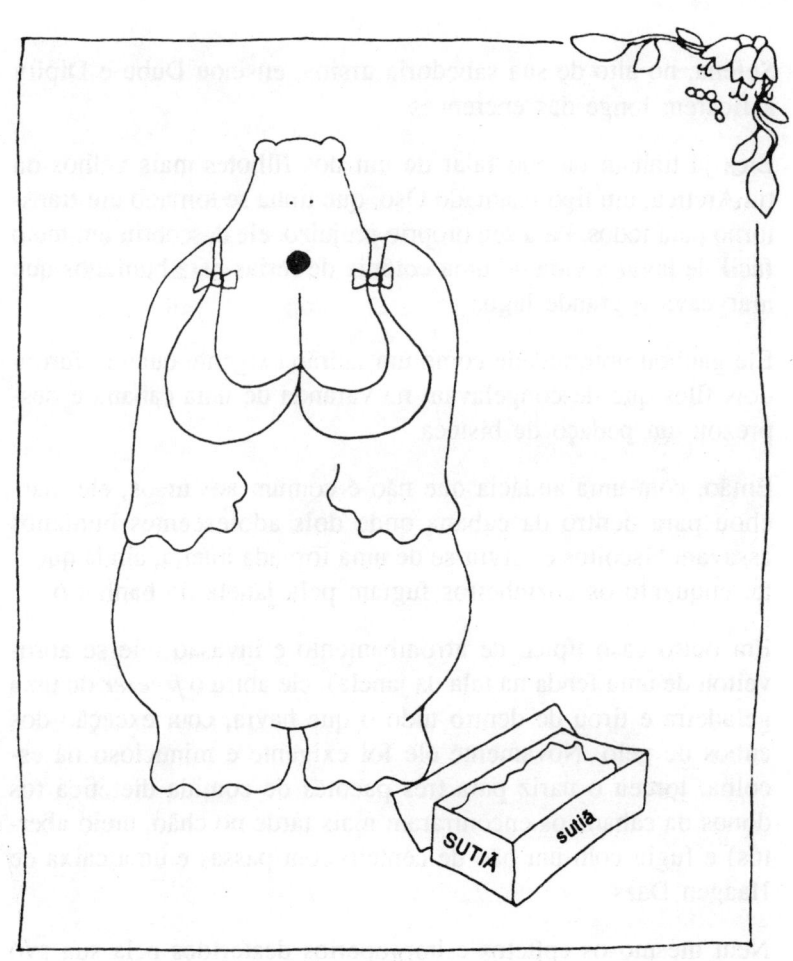

Se a natureza deixa de prover, busque alternativas.

Ser um Chato Tem seu Preço

Serena, no alto de sua sabedoria ursina, ensinou Dubu e Dipity a ficarem longe das encrencas.

Eles já tinham ouvido falar de um dos filhotes mais velhos da tia Arctica, um tipo chamado Oso, que tinha se tornado um transtorno para todos. Para seu próprio prejuízo, ele descobriu um meio fácil de levar a vida — uma colônia de férias para humanos que margeava o grande lago.

Ele ganhou notoriedade como um ladrão exigente quando furtou dois filés que descongelavam na varanda de uma cabana e desprezou um pedaço de bisteca.

Então, com uma audácia que não é comum aos ursos, ele marchou para dentro da cabana onde dois adolescentes humanos assavam biscoitos e serviu-se de uma fornada inteira, ainda quente, enquanto os cozinheiros fugiam pela janela do banheiro.

Em outro caso típico de arrombamento e invasão (ele se aproveitou de uma fenda na tela da janela), ele abriu o *freezer* de uma geladeira e tirou de dentro tudo o que havia, com exceção dos cubos de gelo. Novamente ele foi exigente e minucioso na escolha: torceu o nariz para três pacotes de comida dietética (os donos da cabana os encontraram mais tarde no chão, meio abertos) e fugiu com um pão de centeio com passas e uma caixa de Haagen Dazs.

Nem mesmo os epítetos e impropérios desferidos pela sua avó irascível ("Urso ruim!" "Você não passa de um ladrão!" "Suma daqui!") convenceu-o a abandonar o mau caminho. Sempre a postos quando se tratava de comida, Oso chegava sempre a tempo de ajudá-la a esvaziar suas sacolas de compras.

O teste final da paciência humana aconteceu quando Oso se esgueirou para dentro do refeitório da colônia de férias um pouco antes do *brunch* dominical. Depois de se lambuzar nos açucareiros sobre as mesas, ele foi descoberto sentado sobre um aquecedor de pães, esquentando *seus* pãezinhos e tentando abrir a tampa do aparelho para pegar um.

Oso nunca mais foi visto na floresta outra vez. Seus parentes preferem pensar que ele foi apanhado e removido para outro lugar, longe das tentações, onde não há humanos mão-aberta ou refeitórios com aquecedores de pães.

Se a vida lhe parece muito fácil, cuidado.

Não cobice os pãezinhos do vizinho.

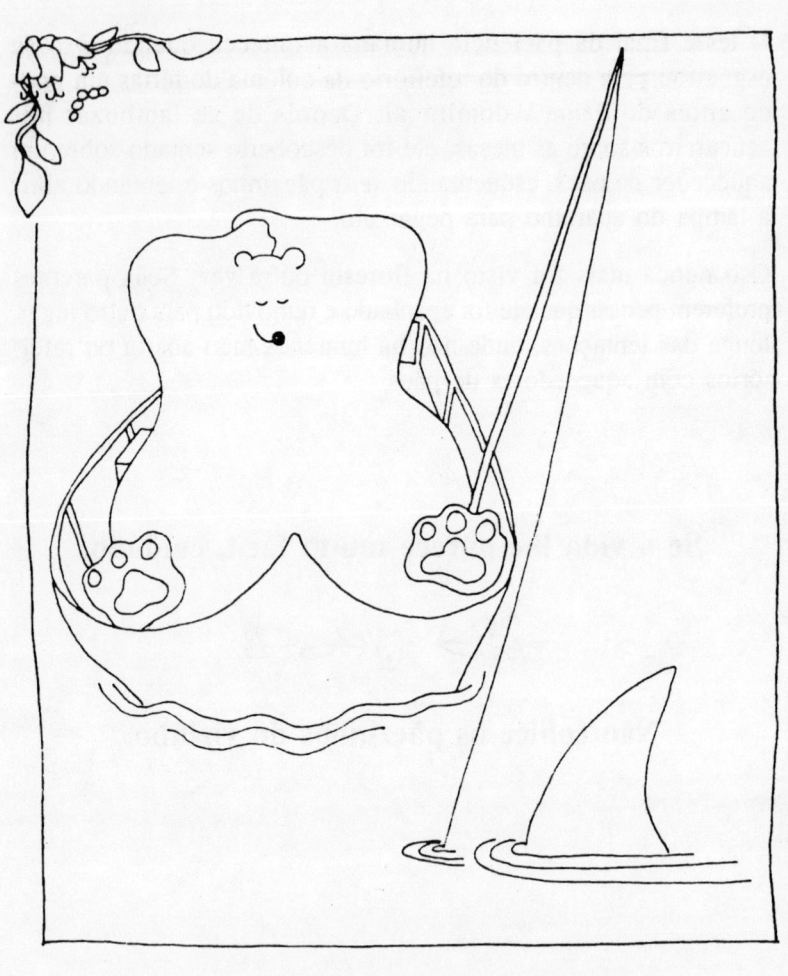

Se a vida lhe parece muito fácil, cuidado.

Não cobice os pãezinhos do vizinho.

A Tão Comentada Ferocidade das Mães

Durante o primeiro verão de Dubu e Dipity, Serena foi uma mãe superprotetora. Em pé sobre as patas traseiras, com a cabeça erguida, orelhas em pé, boca aberta, ela parecia desafiar qualquer um que se aventurasse a chegar perto de seus caçulas.

Numa tarde, enquanto os filhotes se empanturravam no canteiro de framboesas, Serena empertigou-se, exibindo seu lado mais altivo e feroz, e rugiu. Seu rugido era o rugido dos ursos dos livros de história, daqueles que garantem a debandada da espécie humana. Dubu e Dipity também ficaram de pé sobre as patas traseiras na tentativa de farejar melhor e obter maior visão da área ao seu redor.

Tudo o que eles puderam ver foi dois humanos muito pequenos, mais ou menos do tamanho deles próprios, que davam meia-volta e fugiam, balançando seus pequenos baldes e espalhando framboesas enquanto corriam. Dificilmente representariam uma ameaça — a menos, é claro, que os pequenos humanos também tivessem mães ferozes prontas para defendê-los. Serena preferiu não arriscar.

Dubu e Dipity acharam todos aqueles rugidos e tanta irritação maternal uma tempestade em copo d'água.

As mães costumam proteger os filhos ferozmente, mesmo quando eles não precisam disso.

As mães costumam proteger os filhos ferozmente, mesmo quando eles não precisam disso.

Obediência (Senão...)

Para garantir que sua vontade fosse respeitada, Serena contava com uma seqüência de comportamentos controladores.

Se Dubu e Dipity fingissem não ouvir quando ela os chamava, Serena primeiro lamuriava um pouco para só depois se zangar. Se mesmo assim eles a ignorassem, ela se erguia sobre as patas traseiras, esticava as orelhas para trás, mostrava os dentes e olhava com cara feia. Se nem mesmo isso funcionasse, ela dava uns sopapos nos pequenos rebeldes para chamar-lhes a atenção. Ela reservava essa técnica principalmente para situações de emergência em que era preciso agir rápido.

Aqueles que não eram da família — humanos, ursos adolescentes perdidos ou outros animais de tamanho considerável que aparecessem — nunca ficavam para desafiar Serena depois do seu primeiro acesso de raiva.

É melhor se zangar antes de ameaçar.
É melhor ameaçar antes de bater.
E bater (gentilmente) só quando não houver outro jeito.

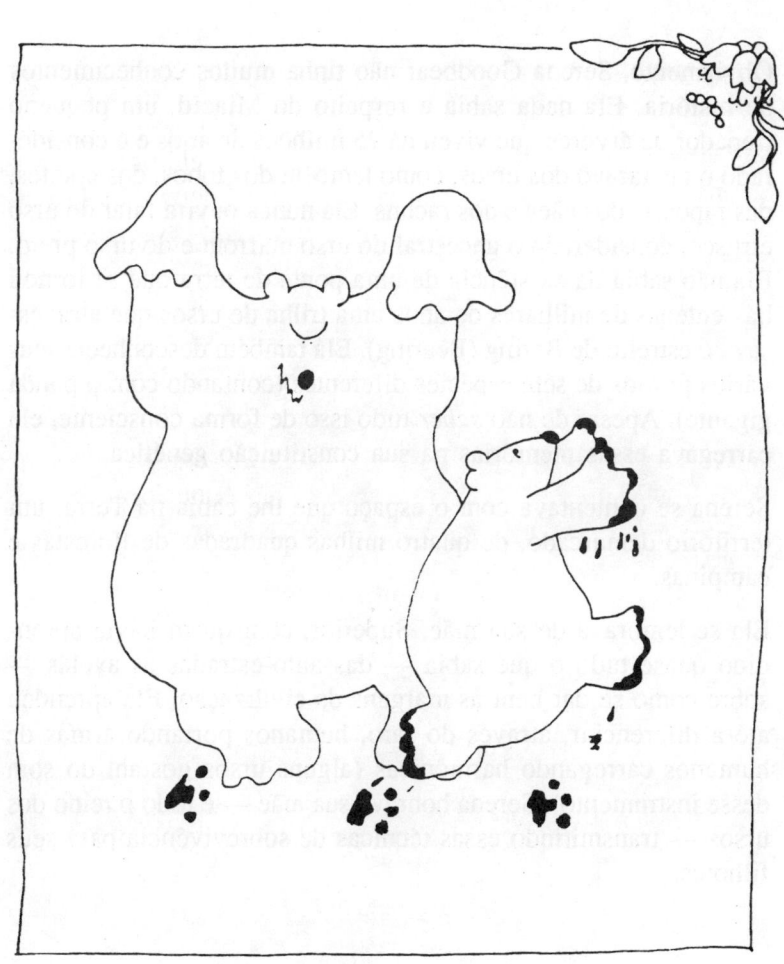

É melhor ameaçar antes de bater.

Os Ancestrais

Obviamente, Serena Goodbear não tinha muitos conhecimentos de história. Ela nada sabia a respeito do Miacid, um pequeno trepador de árvores que viveu há 25 milhões de anos e é considerado o tatataravô dos ursos, como também dos lobos, dos coiotes, das raposas, dos cães e dos racuns. Ela nunca ouvira falar do urso etrusco, considerado o ancestral do urso marrom e do urso preto. Ela não sabia da existência de uma ponte de terra que se tornou há centenas de milhares de anos uma trilha de ursos que atravessava o estreito de Bering (Bearing). Ela também desconhecia seus vários primos de sete espécies diferentes (contando com o panda gigante). Apesar de não *saber* tudo isso de forma consciente, ela carregava essas memórias na sua constituição genética.

Serena se contentava com o espaço que lhe cabia na Terra: um território demarcado, de quatro milhas quadradas de florestas e campinas.

Ela se lembrava de sua mãe, Superior, com quem havia aprendido quase tudo o que sabia — das auto-estradas às avelãs — sobre como se dar bem às margens da civilização. Ela aprendeu até a diferenciar, através do faro, humanos portando armas de humanos carregando harmônicas (alguns ursos gostam do som desse instrumento). Serena honrava sua mãe — e todo o reino dos ursos — transmitindo essas técnicas de sobrevivência para seus filhotes.

Honre seus antepassados.

Honre seus antepassados.

Os Ursos Arco-íris

Dois dos trigêmeos de Serena, fêmeas já em seu quarto verão, voltavam de vez em quando para visitar a mãe. Elas ainda andavam juntas parte do tempo e, quando isso acontecia, era quase certo que eram seguidas por pelo menos um ou dois humanos intrometidos, munidos de suas câmeras fotográficas. Isso porque elas não eram ursos pretos comuns. Flora tinha a cor das bolotas de carvalho maduras e Fauna era dourada como um favo de mel. Fedora, o macho, que na ocasião vivia por conta própria em algum outro lugar, era avermelhado como uma folha de bordo no final do outono. A própria Serena era mais marrom do que preta e tinha o usual focinho mais claro.

Esses três filhotes se tornaram escaladores excepcionais, pois Serena praticamente esgotou seu repertório de tosses avisando o perigo durante o primeiro verão dos ursinhos. Ela tinha sempre que tirá-los do caminho dos incômodos *paparazzi*.

Uma vez, quatro anos antes, Serena ouviu um *click* suspeito e logo despachou seus trigêmeos para cima de uma árvore. Aconteceu de haver um fotógrafo trepado na mesma árvore, em busca do melhor ângulo (como costumam fazer os fotógrafos). Os filhotes subiram por cima dele, rasgaram-lhe a camisa e retalharam-lhe os bolsos. Então, acomodaram-se nos galhos acima da sua cabeça e puseram-se a encará-lo com seus olhinhos brilhantes.

Caso Serena se desse conta da presença humana, ela ignoraria (como fazem alguns ursos para evitar problemas). Em nenhum momento ela chegou a olhar para cima. O que aconteceu no alto daquela árvore ficou sendo um segredo entre os trigêmeos e o trêmulo fotógrafo. Os filhotes finalmente desceram, passando por cima dele e novamente deixando-o em frangalhos!

O fotógrafo permaneceu sobre a árvore, cheio de cãibras, até que os ursos foram embora. Só então ele disparou para seu Land Rover à cata do iodo guardado em seu estojo de primeiros-socorros.

Para Dubu e Dipity, que já estavam acostumados com seus irmãos coloridos, um urso de cor diferente não era uma grande novidade.

Se quiser evitar um problema, dê as costas para ele.

Irmãos e irmãs vêm em todas as cores.

Se quiser evitar um problema, dê as costas para ele.

Irmãos e irmãs vêm em todas as cores.

Uma Apimentada Variedade de Temperamentos

Serena, como seu nome indica, é conhecida por ser imperturbável e raramente agir com precipitação. Quase todas as suas filhas puxaram a ela, exceto Flora, que gosta de paquerar e é um pouco tola, e Dipity, que é elétrica. (Ela também é tão sortuda que sempre encontra a larva de besouro mais suculenta e a maioria dos dentes-de-leão.) Apesar de Dunbar ser muito imponente, e às vezes até impaciente, ele se torna inofensivo quando se trata de ursos machos.

O humor de Fedora, o macho avermelhado, tem altos e baixos. Ele é conhecido pelo seu rancor, tão incomum entre os ursos. (Não se meta com SUAS bolotas!) Quanto a Kuma, uma maré de azar — abelhas, lobos e um humano que arremessou sobre ele uma frigideira com o vigor de um atleta olímpico — tornou-o mais duro. Embora não fosse ruim, era desconfiado. O caçula, Dubu, era um palhaço. Vivia fazendo graça e, desse jeito, conquistava o coração de sua mãe e de qualquer um que flagrasse suas palhaçadas.

Os humanos, com sua paixão por classificar tudo, pensam que todos os indivíduos de uma mesma espécie agem da mesma forma. Os ursos sabem que isso não é verdade.

Não aceite estereótipos.

Não aceite estereótipos.

A Troca

Numa tarde, tia Arctica apareceu com seus filhotes. Como se tivesse combinado antes com Serena, ela empurrou Dubu e Dipity com o focinho para perto de si e dos seus ursinhos e guiou os quatro por uma nova trilha para que saboreassem uma sobremesa de arôneas. Serena, por sua vez, desapareceu em busca de um bem-merecido descanso — o equivalente ursino a um almoço e uma matinê.

Dubu e Dipity não pareciam preocupados, mesmo quando Serena, ao retornar, deixou-os novamente com tia Arctica, levou com ela os sobrinhos caçulas e saiu requebrando em outra direção para saborear um lauto jantar.

Em três ou quatro horas, a troca de filhotes já era desfeita. Mães e filhotes voltaram para suas respectivas famílias. O passeio expandira os horizontes dos filhotes e fizera o mesmo com seu paladar. Quanto às mães, as duas pareciam descontraídas e bem-humoradas, como se o fato de dividirem as responsabilidades — mesmo que temporariamente — tivesse tornado mais leve suas obrigações de mães.

Se possível, troque suas crianças pelas do vizinho de vez em quando.

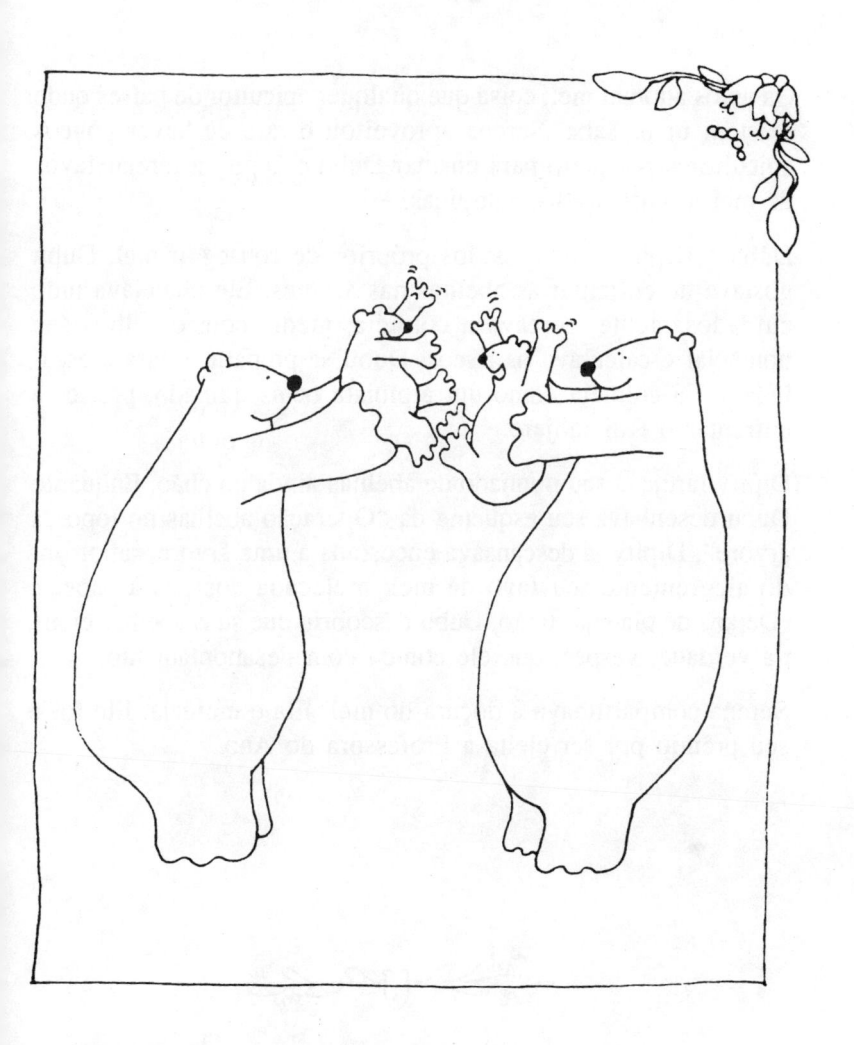

*Se possível, troque suas crianças pelas do vizinho
de vez em quando.*

A Grande Caçada ao Mel

Os ursos adoram mel, coisa que qualquer apicultor de países onde existem ursos sabe. Serena aproveitou o fato de haver poucos apicultores por perto para ensinar Dubu e Dipity a farejar favos de mel à margem das campinas.

Dubu e Dipity tinham estilos próprios de conseguir mel. Dubu gostava de enfrentar as abelhas nas árvores. Ele planejava tudo cuidadosamente, cercava a colméia, media com os olhos seu potencial e calculava os riscos. Dubu se preparava para a escalada até a colméia como um alpinista bem-equipado, prestes a enfrentar o Kilimanjaro.

Dipity farejava seu punhado de abelhas ainda no chão. Enquanto Dubu desenhava seu esquema da "Operação abelhas no topo da árvore", Dipity já descansava encostada a uma árvore, saboreando alegremente seu favo de mel, melecada dos pés à cabeça. (Depois de planejar tanto, Dubu descobriu que suas abelhas eram, na verdade, vespas, que ele comeu com desapontamento.)

Serena compartilhava a doçura do mel. Ela o merecia. Ele foi o seu prêmio por ser eleita a Professora do Ano.

**O mel mais doce nem sempre está
na árvore mais alta.**

O mel mais doce nem sempre está na árvore mais alta.

Um Passeio Turístico pelo Território

Serena passou horas intermináveis de verão mostrando seu território aos filhotes. Ela o conhecia bem — cada trilha, cada pedacinho esponjoso do chão, cada árvore caída, cada grupo de árvores frutíferas.

Serena conhecia as clareiras onde os humanos acampavam e que os alces atravessavam em direção ao lago para beber água. Ela sabia onde cresciam o trevo mais suculento e a ervilha e onde estavam os carvalhos mais altos. Sabia também como voltar para casa, não importando a distância que houvesse percorrido.

Dubu e Dipity a seguiam de perto. Quando ela olhava algo com atenção, eles a imitavam. Quando ela parava para farejar, eles faziam o mesmo, memorizando o caminho percorrido. Quando fossem adolescentes, eles voltariam a esses mesmos lugares, como se estivessem guiando-se por mapas.

Depois de tanto farejar, perscrutar e aprender, os filhotes estavam com os sentidos sobrecarregados. Quando Serena concluísse sua aula prática de geografia, Dipity e Dubu conheceriam o território como a palma de suas patas.

Conheça os seus limites.

Conheça os seus limites.

Tempo de Hibernar

Em outubro, quando a terra endurece e a folhagem fica quebradiça, Serena e seus filhotes começam a bocejar. É cada vez mais difícil encontrar comida. Os primeiros flocos de neve anunciavam que não tardaria a cair uma grande quantidade de neve. E os ursos, com todo aquele tamanho (eles comem o tempo todo no verão) e com as pernas tão curtas, não se locomovem com facilidade através da neve.

É tempo de hibernar, de sondar a região à procura de um esconderijo. Dubu e Dipity achavam que Serena poderia levá-los para a toca onde nasceram, mas ela estava disposta a encontrar algo diferente (como todas as mães ursas). Isso não era nenhuma surpresa — qualquer um que tivesse ficado enfurnado por meses num cubículo com um inquieto casal de gêmeos recém-nascidos, na maior parte do tempo na mesma posição e rodeado do mesmo cenário, certamente clamaria por mudança.

Os três esquadrinharam vários arbustos promissores e brechas sob saliências nas pedras. Decidiram finalmente pela base oca de uma árvore caída, atrás de uma protetora cerca de raízes. Serena, por ser mais velha, tinha o direito de ficar nas melhores tocas. (Seus filhotes teriam de aguardar a vez, quando ficassem mais velhos, de merecer as melhores tocas.)

Dipity e Dubu ajudaram-na a tornar a toca mais plana, forrando-a com musgo, grama e ramos de árvore — todos apanhados a não mais de 50 pés da toca. Dipity distanciou-se apenas mais alguns metros e descobriu um velho e felpudo tapete de banheiro pendurado num varal frouxo atrás de uma cabana. Como os humanos haviam fechado a casa pelo fato de ser inverno, Dipity passou doces momentos tentando pegar o tapete. Ela habilmente tirou-o do varal deixando os pregadores no mesmo lugar. E, então, com orgulho juvenil, arrastou-o até a toca onde Serena fez dele um colchão.

Já bem rechonchudos, eles rastejaram para dentro da toca para passar cochilando os curtos dias e as longas noites de inverno.

Expresse-se através da decoração da sua toca; saia à procura da arte inusitada.

Tire longas sonecas.

*Expresse-se através da decoração da sua toca;
saia à procura da arte inusitada.*

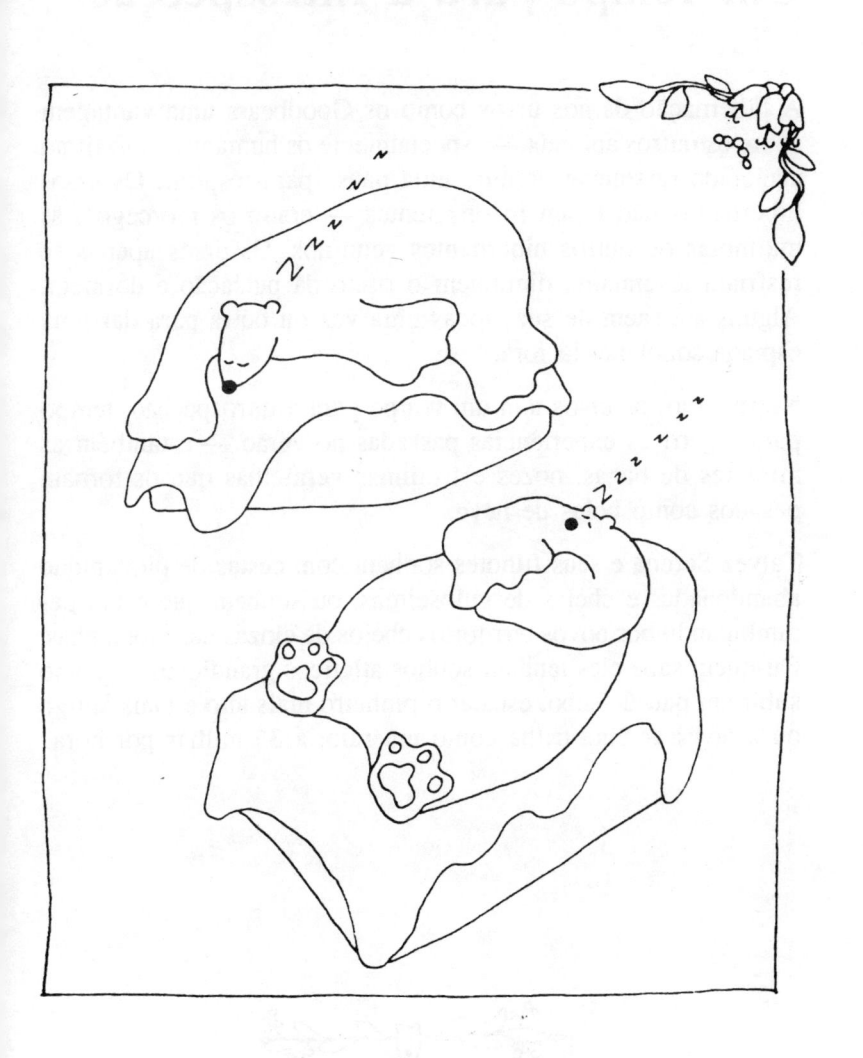

Tire longas sonecas.

Um Tempo para a Introspecção

A hibernação dá aos ursos como os Goodbears uma vantagem sobre os outros animais — especialmente os humanos, cujo ritmo acelerado raramente permite uma pausa para respirar. Os ursos hibernados não ficam inconscientes — como os morcegos, as marmotas ou outros hibernantes genuínos. Os ursos apenas se resfriam levemente, diminuem o ritmo da pulsação e dormem. Alguns até saem de suas tocas uma vez ou outra para dar uma espiada sonolenta lá fora.

No inverno, os ursos têm um tempo para a introspecção, tempo para digerir as experiências passadas no verão — e também as milhares de bagas, nozes e frutinhas vermelhas que os tornam pesados como bolas de neve.

Talvez Serena e seus filhotes sonhem com cestas de piquenique abandonadas e cheias de guloseimas, ou sonhem que estão perambulando por novos territórios cheios de cinzas das montanhas. Ou quem sabe eles tenham sonhos atléticos grandiosos — como subir em pau-de-sebo, escalar o pinheiro mais alto e mais antigo ou atravessar uma trilha como um raio, a 35 milhas por hora.

Reserve um tempo para a reflexão.

Reserve um tempo para a reflexão.

Uma Lição de Quietude

Apesar do seu corpanzil, os Goodbears gostam que suas idas e vindas fiquem em segredo. Eles se movem furtivamente através da floresta, silenciosos como peixes. Os humanos que se encontram no território de Serena relatam que raramente ouvem o farfalhar de um arbusto ou o barulho de galhos se quebrando sob os pés de um urso, ou mesmo o som de um urso praguejando diante de uma frustração insuportável.

Um humano silencioso caminhando por uma trilha pode captar de relance uma sombra que *poderia* ser um urso passando rapidamente por trás de uma árvore. Um humano barulhento provavelmente não veria de modo algum a sombra e permaneceria alheio ao fato de estar num território de ursos.

Uma coisa é certa: no período do inverno, os Goodbears são mais silenciosos do que de costume — que são fantasmagoricamente silenciosos em *qualquer* época do ano. Seu dom para o silêncio mantém Serena e seus filhotes em segurança. No inverno, alces e cervos pastam perto de sua toca. Exceto em raras circunstâncias, até mesmo os lobos passam perto dos ursos.

Quando os cientistas se intrometem, por um breve momento, no sono dos ursos para checar seus hábitos e sua saúde, esses intrusos certamente se tornam parte do sonho desses animais — e eles voltam direto para o seu descanso.

Aprenda o valor de ser silencioso.

Aprenda o valor de ser silencioso.

Vagabundeando em Casa

Dubu e Dipity (como fazem os filhotes) passaram seu primeiro aniversário e mais um inverno com Serena — talvez passem com ela (embora seja raro) até mesmo seu terceiro inverno, caso esteja difícil encontrar comida, ou caso Serena não os toque para fora em favor do seu bienal caso de verão e outra gravidez.

Para as ursas, a maternidade é uma responsabilidade dada por Deus e uma tarefa de tempo integral. Para Serena, não há moleza quando se trata de ser mãe. Tudo começa com indefesos bebês cegos, não maiores que um esquilo, que ela protege até que cresçam e se tornem capazes de se cuidar sozinhos, atingindo 3/4 do tamanho de um urso adulto. Serena mantém seus filhotes por perto até que tenha a certeza de que eles adquiriram a educação básica: escalar (para poder escapulir para cima de uma árvore), arranhar com as garras (para obter comida) e conhecer o calendário (para saber de antemão as exigências de cada estação). Com essa educação cuidadosa, eles terão chance de vencer por si só as provas da adolescência.

Os filhotes mais velhos de Serena também aparecem às vezes. Quando chegar a época de demarcarem os territórios por sua própria conta, eles perguntarão a Serena se devem procurar outro lugar para morar ou se podem ficar um pouco mais em seus refúgios infantis e sublocar o território que lhes pertence.

Dê a você mesmo um tempo para crescer.

Dê a você mesmo um tempo para crescer.

Uma Nova Perspectiva

O segundo mês de abril de Dubu e Dipity chegou. Os dois filhotes, já mais crescidos, e Serena, ainda gorduchos, deixaram para trás sua toca de inverno.

Agora os jovens ursos têm muito mais *know-how*. O mundo circundante não é mais tão irresistivelmente novo. Ambos notaram que, comparado com o último verão, as árvores parecem menores e os galhos mais baixos são mais fáceis de alcançar. A própria Serena parece ter diminuído um pouco de tamanho. O trílio gigante não parece mais tão gigante. Enquanto cavar a terra à procura de cebolas silvestres toma muito menos tempo e esforço, esquadrinhar o chão para ver de perto uma campânula em miniatura parece requerer uma flexão de joelhos maior.

O rio está mais estreito e menos turbulento; o laguinho ainda menor; as trilhas, mais curtas. No conjunto, o mundo dos ursinhos tornou-se um lugar menos hostil.

Alguns invernos a mais e eles aprenderão, como Serena aprendeu:

Nada muda muito — exceto a nossa percepção das coisas.

Nada muda muito — exceto a nossa percepção das coisas.

Risco e Realidade

Dipity, apesar de jovem e pequena, é fascinada pelos peixes. Assim como seu pai, Dunbar. Isso é um tanto contrário aos hábitos de sua espécie (*Ursus americanus*), que geralmente não são bons pescadores. No entanto, o rio que deságua no grande lago e margeia o território de Serena é muito atraente para ser ignorado. De vez em quando, Dipity consegue algumas dicas observando Dunbar de longe, espetando e pegando peixes como um verdadeiro profissional.

Numa tarde, Dunbar se afastou um pouco dela, descendo rio abaixo até o local onde as águas se aprofundam, logo após a cachoeira. Com seu pêlo escuro brilhando com as gotículas de água da cachoeira, Dunbar era uma linda visão. Ele exalava a arrogância de um urso pescador que sabe o que está fazendo. De fato, sua habilidade teria até inspirado seu primo do Alasca, considerado o melhor nessa atividade.

Os outros ursos reconheciam que Dunbar tinha direitos sobre aquele lugar e eles, sabiamente, o respeitavam. Todos menos Dipity. Andando pelas águas rasas da margem do rio para obter uma visão melhor, ela escorregou numa pedra, perdeu o equilíbrio e começou a pender para o lado da cachoeira que a arrastou para cima do enorme urso.

Ele poderia tê-la confundido com um castor, poderia tê-la atacado. No entanto, ele tomou tamanho susto com aquela bolinha de pêlos esperneante no *seu* laguinho de pesca, que simplesmente pôs-se de pé e exibiu suas presas (como fazem os ursos).

Sua filha rastejou até a margem, encharcada e um pouco mais versada no que diz respeito à hidrocinética e às suas próprias limitações.

Não há nada de mau em ter objetivos que vão além do que se espera de sua própria espécie.

Antes de correr riscos, seja realista.

Não há nada de mau em ter objetivos que vão além do que se espera de sua própria espécie.

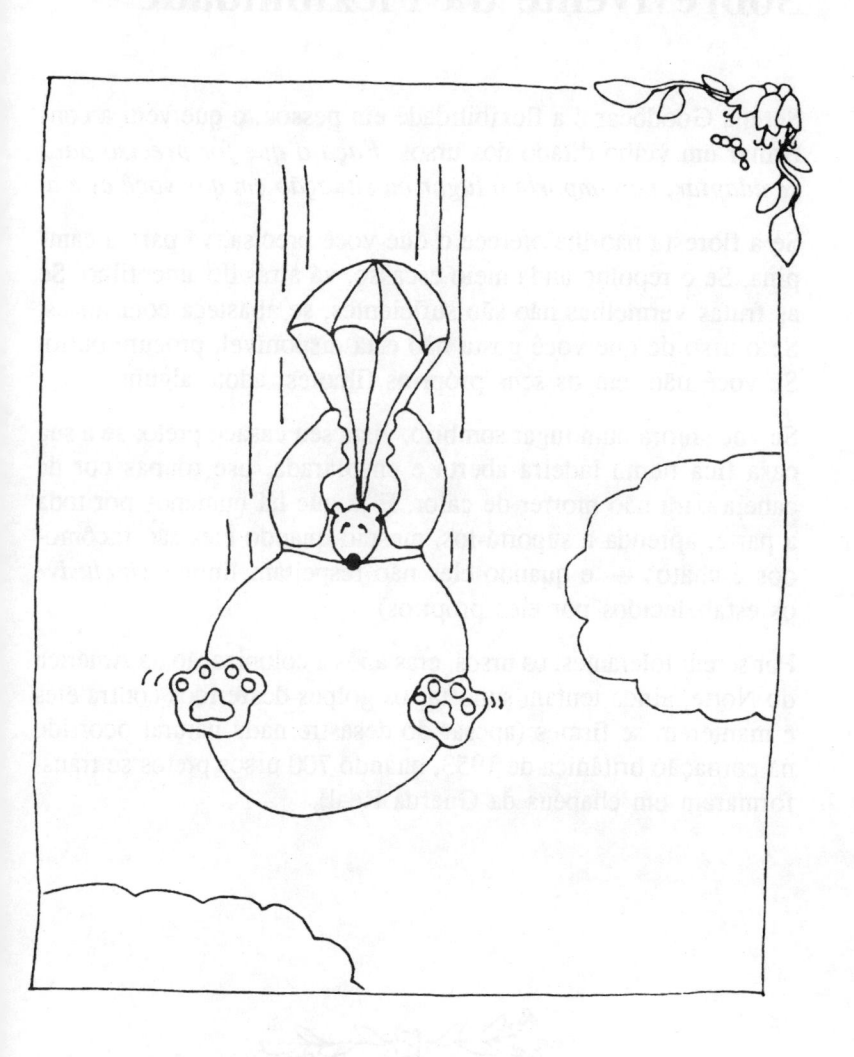

Antes de correr riscos, seja realista.

Sobrevivente da Flexibilidade

Serena Goodbear é a flexibilidade em pessoa, o que vem a confirmar um velho ditado dos ursos: *Faça o que for preciso para se adaptar, não importa o lugar ou situação em que você esteja.*

Se a floresta não lhe oferece o que você precisa, vá para a campina. Se o repolho anda meio escasso, vá atrás do amentilho. Se as frutas vermelhas não são suficientes, se abasteça com nozes. Se o urso de que você gosta não está disponível, procure outro. Se você não tem os seus próprios filhotes, adote alguns.

Se você mora num lugar sombrio, vista seu casaco preto; se a sua casa fica numa ladeira aberta e ensolarada, use roupas cor de canela para não morrer de calor. E já que há humanos por toda a parte, aprenda a suportá-los, mesmo quando eles são incômodos e chatos — e quando eles não respeitam limites (*inclusive* os estabelecidos por eles próprios).

Por serem tolerantes, os ursos, eras após a colonização da América do Norte, ainda tentam suportar os golpes desferidos contra eles e manterem-se firmes (apesar do desastre nada natural ocorrido na coroação britânica de 1953, quando 700 ursos pretos se transformaram em chapéus da Guarda Real).

Acima de tudo, dance conforme a música.

Acima de tudo, dance conforme a música.

Preserve a Natureza

Os Goodbears são mestres em economizar energia — estocam comida no verão e, no inverno, deixam de lado as viagens, abaixam a temperatura do próprio corpo e se confinam em tocas pequenas e fáceis de aquecer. Eles também procuram se espalhar, de forma que nenhum território tenha sua reserva de alimentos esgotada devido a uma colheita excessiva ou às muitas raízes arrancadas.

A maior parte dos Goodbears dá o melhor de si para proteger seu meio ambiente — especialmente as árvores. Eles aprenderam que um urso sem visão ecológica pode derrubar uma pequena árvore apenas apoiando-se nela para dar uma coçadinha nas costas. Adepta dessa mesma filosofia, Serena ensinou todos os seus filhotes mais jovens sobre a importância de preservar a natureza. (Ela não ficaria orgulhosa de alguns dos seus parentes do oeste que — tomando os humanos como exemplo — sacrificam a prosperidade de uma vida inteira em favor de uma satisfação imediata. Esses ursos pardos destruidores que habitam o Estado de Washington são conhecidos por tirar a casca das árvores — e matar — os pinheiros-de-Douglas para que possam mascar a resina que reveste o tronco. Atualmente, até mesmo esses primos glutões estão aprendendo a comer outras coisas.)

Com todo o cuidado, Serena mostrou aos filhotes quais flores comer e quais evitar. Com um autocontrole heróico, ela passou reto por certo tipo de árvore que dá frutos na primavera, dando à planta a chance de produzir algo bem mais saboroso mais tarde: as UVAS SILVESTRES.

Respeite o meio ambiente.

Respeite o meio ambiente.

A Tentativa de Alcançar a Lua

Dipity, agora uma sonhadora adolescente crescida o bastante para ignorar o toque de recolher dos filhotes, adora a noite. Ela também gosta da água, nos momentos em que caminha silenciosamente na beira das lagoas, dos rios e nas margens do grande lago.

Numa noite de verão em que a lua cheia brilhava, ela deixou Serena e Dubu explorando uma clareira e caminhou até um lugar calmo onde o rio se alargava formando uma pequena lagoa. Nessa noite, a lagoa estava lisa como um espelho. Em sua superfície, ela podia ver a própria sombra e o reflexo perfeitamente redondo da lua. Lá estava ela, tremeluzindo, prateada como um peixe. Um disco perfeito preso entre suas patas. Tentando tirá-la da água, ela deu um safanão na imagem lunar, primeiro com uma pata, depois com a outra. O círculo se quebrou, é claro, em pequenos fragmentos de luz, apenas para formar-se novamente quando Dipity se levantou e parou de agitar a água.

Dipity permaneceu ali, tentando tirar a lua da lagoa até o momento em que o reflexo desapareceu da água. Só então ela desistiu, saindo à procura de Serena e Dubu. Ela tentaria novamente em outra noite calma em que houvesse uma lua perfeita.

Serena não a repreendeu. Os Goodbears honravam a independência, até mesmo quando se tratava de maluquices adolescentes como tentar pegar a lua.

**Tente alcançar a lua —
onde quer que você a encontre.**

Tente alcançar a lua — onde quer que você a encontre.

Jane Thomas Noland é escritora, humorista e editora de livros. Ela é co-autora do clássico livro de meditação *A Day at a Time* (atualmente com um milhão de cópias); é também autora de *Laugh It Off,* também ilustrado por sua filha Mimi Noland, que fala sobre a importância do humor e do riso quando se quer perder peso. É co-autora, junto com o premiado ilustrador Ed Fischer, do *best-seller What's So Funny about Getting Old?* Com Dennis Nelson, conselheiro de ensino secundário, ela escreveu um guia em doze lições para adolescentes: *Young Winner's Way*. É formada pelo Smith College e colaboradora do *Minneapolis Star-Tribune*. Ela e o marido, pais de dois filhos, vivem em Wayzata, Minnesota.

Mimi Noland ilustrou os livros *A terapia do abraço* I e II (ursos) e *A terapia do amor* (dragões), de Kathleen Keating. Os dois livros sobre a terapia do abraço venderam juntos mais de 700.000 exemplares e foram publicados em mais de vinte línguas. Ela é autora e ilustradora do *The Hug Therapy Book of Birthdays and Anniversaries* e de *I Never Saw the Sun Rise* (escrito quando ela tinha 14 anos sob o pseudônimo de Joan Donlan). Suas ilustrações também aparecem em outro *bestseller, An Elephant in the Living Room,* escrito por Jill Hastings, Ph.D., e Marion Typpo, Ph.D. (Todos os livros aqui mencionados foram publicados pela CompCare Publishers.) Mimi Noland é formada em psicologia pelo Skidmore College. É também policial, tratadora de cavalos e compositora. É proprietária e administra uma fazenda de cavalos em Maple Plain, Minnesota.

Outras obras de interesse:

A TERAPIA DO ABRAÇO
Kathleen Keating

A TERAPIA DO ABRAÇO 2
Kathleen Keating

A TERAPIA DO AMOR
Kathleen Keating

O LIVRO DAS ATITUDES
Sônia Café e Neide Innecco

MEDITANDO COM OS ANJOS
Sônia Café e Neide Innecco

OS ANJOS – Guardiães da Esperança
Terry Lynn Taylor

ANJOS – Mensageiros da Luz
Terry Lynn Taylor

CONTATOS COM O ANJO DA GUARDA
Penny McLean

PREPARANDO AS CRIANÇAS PARA O FUTURO
Ken Carey

VISÃO
Ken Carey

TERRA-CHRISTA
Ken Carey

TRANSMISSÕES DA ESTRELA-SEMENTE
Ken Carey

O LIVRO DO ÊXITO
Diversos

RECEITAS DE FELICIDADE
Ken Keyes, Jr. e Penny Keyes

O SIGNIFICADO DA FELICIDADE
Alan W. Watts

A ALEGRIA DE SER VOCÊ MESMO
Darío Lostado

Peça catálogo gratuito à
EDITORA CULTRIX
Rua Dr. Mário Vicente, 374 – Fone: 272-1399
04270-000 – São Paulo, SP